Karola Kimmerle

Die schönsten Fensterbilder aus Papier und Tonkarton

FALKEN

INHALT

VORWORT

Fensterbilder bieten Ihnen die Möglichkeit, mit einfachen Mitteln Ihre Fenster immer wieder neu zu gestalten. Geeignet sind sowohl natürliche als auch abstrakte Formen: So wirkt ein Blumenkranz zwischen Grünpflanzen fröhlich frisch, während eine weiße sachliche Häuserfront in einem Fenster mit weniger Pflanzen besonders gut zur Geltung kommt.
In diesem Buch finden Sie zahlreiche Ideen, die Sie durchs ganze Jahr begleiten: Im Frühling blicken Sie auf eine Narzissenwiese, über die Schmetterlinge schwirren, und im Herbst fliegen bunte Drachen über die Scheiben. Wer gern ein bißchen träumt, entscheidet sich vielleicht für eines der lustigen Zirkusmotive. Oder denken Sie lieber an die Urlaubszeit, an ferne Länder? Dann ist die Sahara oder der Urwald etwas für Sie. Und in der Weihnachtszeit verzaubert Sie der Anblick des Engelorchesters auf einer Wolke.
Für fast jedes abgebildete Motiv gibt es eine originalgroße Zeichnung auf dem Vorlagebogen, so daß das Nacharbeiten nicht schwer ist. Darüber hinaus sind ein paar zusätzliche Fensterbilder zu sehen (sie sind mit einem * gekennzeichnet), die Ihre Phantasie und Kreativität anregen und Sie zu eigenen Entwürfen animieren sollen.
Wagen Sie sich auch ruhig ans Basteln, wenn Sie im Umgang mit Papier und Karton, mit Schere und Cutter noch nicht so vertraut sind: Im ersten Kapitel erfahren Sie, wie es geht. Und wer ein Motiv anders umsetzen möchte, beispielsweise aus Karton statt aus Transparentpapier, findet ebenfalls die erforderlichen Tips und Hinweise.

DAS MATERIAL

Tonkarton und Tonpapier sind die am häufigsten verwendeten Grundmaterialien für Fensterbilder. Letzteres ist für Bilder bis etwa zehn Zentimeter geeignet. Größere Arbeiten sollten Sie aus dem etwas dickeren Tonkarton herstellen, da er den fertigen Arbeiten mehr Halt gibt. Beide Papierarten erhalten Sie in Schreibwaren- und Bastelgeschäften in zahlreichen Farbtönen und -abstufungen.
Manche größere Objekte erhalten kleinere Details. Hierfür können Sie auch Tonpapier verwenden, das leichter zu schneiden ist. In ihrer Struktur und Oberfläche unterscheiden sich die beiden Materialien nur unwesentlich. Wollen Sie transparente Fensterbilder herstellen, benötigen Sie Transparent- oder Drachenpapier. Weißes Transparentpapier dient vor allem zur Verstärkung filigraner und vielteiliger Motive.
Zum Durchpausen der originalgroßen Zeichnungen vom Vorlagebogen ist sowohl weißes Transparent- als auch das preisgünstigere Seidenpapier geeignet. Für die Schablonen werden diese Zeichnungen mit Kohlepapier auf Kartonreste durchgepaust. Hierfür können Sie auch die Rückseiten von Notiz-und Zeichenblöcken verwenden.
Fensterbilder setzen sich zumeist aus mehreren Teilen zusammen, die mit einem handelsüblichen Papierklebstoff verbunden werden. Für Tonpapier und -karton eignet sich Pritt Alleskleber sehr gut, Transparentpapier läßt sich am besten mit Pritt Papierkleber verbinden. Auch ein Pritt Klebestift tut hier gute Dienste. Wenn Sie jetzt noch einen weichen Bleistift, Kreppband, Büroklammern und eventuell einen Hefter sowie Nähgarn zum Aufhängen der fertigen Teile zur Hand haben, können Sie schon fast beginnen. Wer seine Fensterbilder direkt ans Fenster kleben möchte, sollte sich auch doppelseitiges, durchsichtiges Klebeband besorgen.
Wichtig sind nun noch Scheren und Bastelmesser:

SCHNEIDEWERKZEUG

Ohne Schere geht es natürlich nicht: Für größere Schnitte und Bildaußenkanten benötigen Sie eine normal große, handliche Papierschere. Eine kleine Schere – dies kann eine Universal- oder Nagelschere sein – ist ideal für Details, filigrane Motivlinien und für Bildinnenteile.
Wer gern bastelt, sollte sich einen Cutter (Bastelmesser) besorgen. Mit etwas Übung können Sie damit fast alles schneiden. Sehr feine Schnitte lassen sich noch besser mit einem Federmesser ausführen. Allerdings lohnt die Anschaffung nur, wenn Sie wirklich viel aus Papier und Karton herstellen.
Falls Sie noch nie mit einem Cutter gearbeitet haben, finden Sie im folgenden ein paar kurze Erläuterungen. Nach dem ersten Fensterbild werden Sie so vertraut mit dem Cutter sein, daß Sie all die kleinen Handgriffe ganz automatisch ausführen.

Das Schneidemesser eines Cutters besteht aus mehreren Einzelklingen, die Sie Stück für Stück, nachdem sie stumpf geworden sind, mit einer Zange abbrechen können. Um jeder Verletzungsgefahr durch die scharfen Klingen aus dem Wege zu gehen, sollten Sie sich folgendes angewöhnen: immer, wenn Sie am Ende einer Schneidelinie angekommen sind, heben Sie den Cutter vom Untergrund ab und ziehen die Klingen in den Halter zurück. So vermeiden Sie, daß Sie ihn einmal mit ausgefahrenen Klingen liegenlassen und versehentlich hineingreifen. Außerdem sollten Sie nie mehr als zwei, in Ausnahmefällen drei Klingen ausfahren, da diese ansonsten brechen könnten. Wie Sie einen Cutter richtig halten, zeigt das Foto: Der Zeigefinger auf dem Halter übt Druck auf die Klingen aus.
Gerade Kanten können mit Hilfe eines Lineals geschnitten werden. Am besten eignet sich hierfür eines aus Metall oder ein Holzlineal mit eingearbeiteter Metallschiene. Denken Sie daran, daß Fingerkuppen hinter die Schneidelinie gehören.
Da Cutter sehr scharf sind, müssen Sie Ihren Arbeitstisch vor Schnitten schützen: Legen Sie deshalb einen dicken Karton unter.

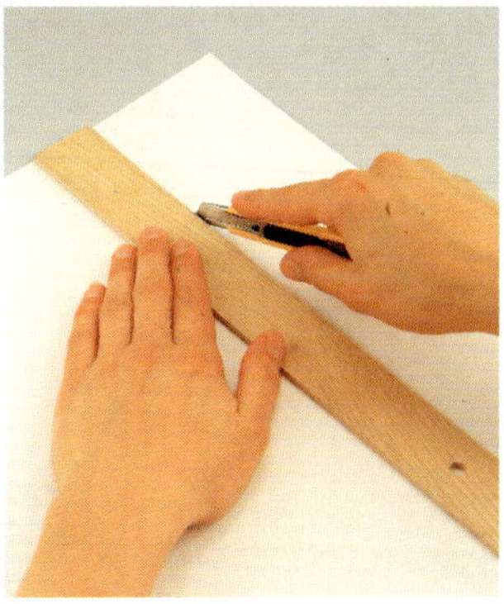

SO GEHT ES GANZ EINFACH

VORLAGEN AUSARBEITEN

Suchen Sie die gewünschte Zeichnung mit Hilfe der Nummern auf dem Vorlagebogen, und legen Sie weißes Transparent- oder Seidenpapier darauf. Damit nichts verrutscht, fixieren Sie dieses mit Kreppband. Nun ziehen Sie alle Motivlinien mit einem weichen Bleistift nach. Vor dem Abnehmen der Durchzeichnung sollten Sie diese nochmals mit dem Farbfoto im Buch vergleichen: Haben Sie auch nichts vergessen?
Mit Transparentpapier hinterklebte Fensterbilder haben doppelte Innenlinien, die Stege. Diese sind meist mit der Schablone verbunden und bestehen aus demselben Material. Im fertigen Objekt erscheinen Stege als Motiv- oder Farbfeldbegrenzung und betonen somit die einzelnen Flächen (siehe Papagei). Sie werden aber auch als Gestaltungsmittel eingesetzt, zum Beispiel bei den Marienkäfern im Netz. Auf den Stegen wird das Transparentpapier festgeklebt. Ein ein bis zwei Zentimeter breiter Rand rahmt oft die rechteckigen Bilder ein.
Um saubere Bildübergänge zu schaffen, ist es bei manchen Motiven erforderlich, mit Überlappungen zu arbeiten: Ein Bildteil liegt etwa einen halben Zentimeter über einem anderen und verdeckt dessen Schnittkante. Bei den Bremer Stadtmusikanten (Seite 30) beispielsweise überdecken sich die grünen Flächen, und auch das Dach liegt über der geraden Kante der Hausform. Bevor Sie also mit dem Zuschneiden der Kartonteile beginnen, sollten Sie Ihre Vorlage entsprechend vorbereiten: Setzen Sie hierfür die betreffenden Linien sinngemäß durch gestrichelte Linien fort, wie es in der Zeichnung gezeigt wird. Sie können auch für jede Farbfläche einen anderen Buntstift verwenden, um sich die Übersicht zu erleichtern. Ist die Vorlage mit diesen Hilfslinien versehen, pausen Sie jede Farbfläche gesondert durch. Das Zerschneiden der Vorzeichnung ist nicht ratsam, da sie Ihnen später das Zusammensetzen der Zuschnitte erleichtert.

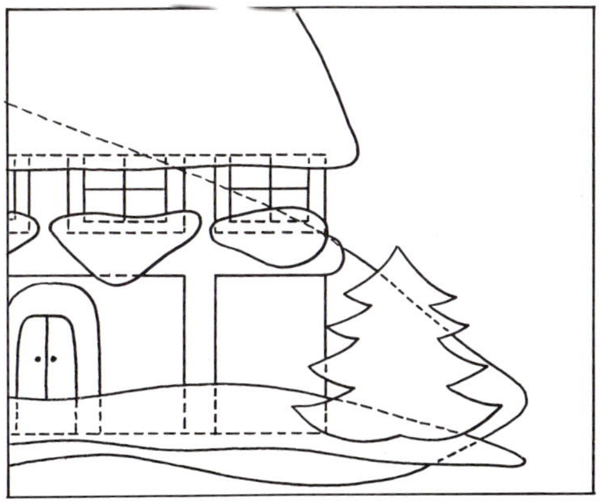

VORLAGE AUSARBEITEN

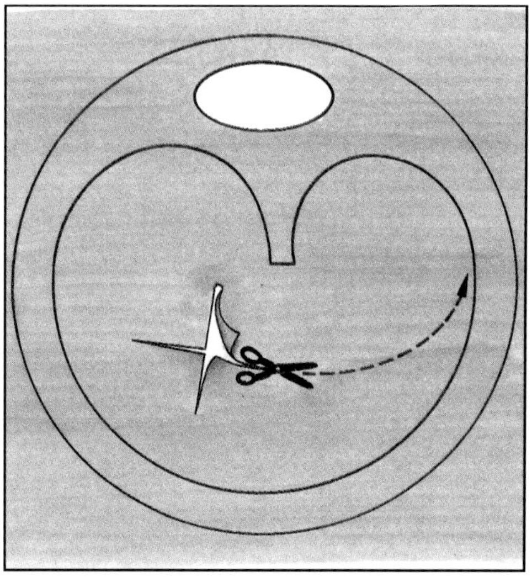

INNENFLÄCHEN AUSSCHNEIDEN

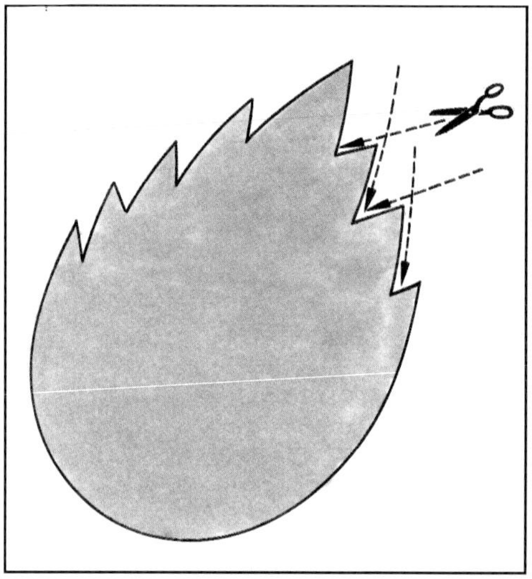

ZACKENRÄNDER

DOPPELT ZUSCHNEIDEN

SCHABLONEN HERSTELLEN

Kohlepapier ergibt beim Durchpausen meist Flekken, die sich nicht ausradieren lassen. Deshalb ist es notwendig, daß für jedes Detail eine Schablone hergestellt wird. Pausen Sie die einzelnen Teile und Farbflächen mit Kohlepapier auf Kartonreste durch, und schneiden Sie diese zu. Wenn Sie die Schablonen nun auf den gewünschten Untergrund legen, können Sie die Konturen mit einem weichen, spitzen Bleistift nachziehen.
Kartonschablonen haben den Vorteil, daß Sie sie gut aufbewahren können und später das Fensterbild erneut ohne großen Aufwand nachgearbeitet werden kann. Wollen Sie das Bild allerdings nur einmal, genügt es auch, wenn Sie Papierschablonen verwenden. In diesem Fall müssen Sie aber ganz besonders darauf achten, daß die Schablonen glatt auf dem Untergrund aufliegen.

RICHTIG SCHNEIDEN

Beim Zuschneiden der Kartonteile entstehen oft kleine Kanten und Ecken. Um dies zu vermeiden, beginnt man mit dem Schnitt in der freien Fläche und führt ihn zur Schneidelinie. Rundungen werden sauber, wenn Sie den Tonkarton in die weit geöffnete Schere drehen und diese dabei langsam schließen. Innenflächen schneiden Sie kreuzweise ein und stecken die Schere durch die entstandene Öffnung.
Noch ein Wort zu Zackenrädern und Sternen: Bei jeder Zacke wird die Schere neu angesetzt – immer von außen nach innen. Genau andersherum verfahren Sie mit dem Cutter: Er wird innen angesetzt und nach außen gezogen.
Manche Teile brauchen Sie zweimal: Befestigen Sie zwei Kartonteile mit Büro- oder Heftklammern aufeinander, und schneiden Sie das Teil wie gewohnt zu. Bevor Sie die Kartonstücke auseinandernehmen, markieren Sie die Außenseiten mit einer Zahl oder einem Kreuz. Später werden die markierten Seiten aufeinandergeklebt. So haben Sie die Gewähr, daß immer alles gut zusammenpaßt und nicht versehentlich falsch verklebt wird.

EIN MOTIV ENTSTEHT

Zunächst werden alle Teile des Fensterbildes aus Tonpapier oder -karton zugeschnitten. Legen Sie alle Zuschnitte mit den markierten Seiten nach oben auf den Arbeitstisch, und ordnen Sie dann Details,

die innen liegen, auf einem Hauptteil an. Sie haben jetzt noch die Möglichkeit, den Stand zu ändern. Gefällt Ihnen die Anordnung, befestigen Sie die Teile mit wenig Klebstoff. Nun kleben Sie das eventuell erforderliche zweite Hauptteil deckungsgleich auf.
Sind keine Innenteile erforderlich oder befinden sich außen Motivteile, werden diese ebenfalls doppelt zugeschnitten und auf beiden Seiten des Hauptteils angeklebt.
Außer allen Zuschnitten sollten Sie auch die vorbereitete Vorlage (siehe „Vorlage ausarbeiten") vor sich liegen haben. Beginnen Sie mit dem Anbringen des zuunterst liegenden Bildteiles, das Sie auf das Hauptteil kleben. Nach und nach werden die nächsten Motivteile angeklebt. Sie bauen Ihr Fensterbild sozusagen Stück für Stück auf.
Damit ein durchscheinendes Fensterbild von beiden Seiten sauber aussieht, wird das Hauptteil doppelt zugeschnitten. Vergessen Sie die Markierungen nicht. Ein Hauptteil wird nun hinterklebt: Legen Sie das gewünschte Transparentpapier auf den entsprechenden Ausschnitt, und ziehen Sie die Konturen mit einem weichen Bleistift nach. Dabei wird etwas Kleberand zugegeben, der allerdings nicht breiter sein darf als der Steg. Das zugeschnittene Transparentpapier wird auf den mit wenig Klebstoff eingestrichenen Steg gesetzt und vorsichtig angedrückt. Mit dem Auflegen des nächsten Transparentpapiers sollten Sie warten, bis der Klebstoff etwas angetrocknet ist oder einen Ausschnitt wählen, der nicht unmittelbar neben dem soeben hinterklebten liegt.
Zum Schluß wird das zweite Hauptteil aufgeklebt. Sie können dieses notfalls weglassen. Bei feinteiligen Motiven ist meist ein Bogen weißes Transparentpapier erforderlich. Es ist wichtig, daß Sie immer nur wenig Klebstoff verwenden, da dieser sonst an den Rändern hervorquillt und Flecken hinterläßt. Wenn trotzdem mal etwas daneben geht, wischen Sie es sofort mit einem sauberen Küchentuch ab.

BILDAUFBAU BEI MEHRFARBIGEN MOTIVEN

TRANSPARENTE BILDER

BILDMOTIVE ANDERS UMSETZEN

Sie können fast alle Motive im Buch exakt nacharbeiten: Auf dem Vorlagebogen finden Sie die jeweiligen Zeichnungen in Originalgröße. Die mit einem Sternchen markierten Fensterbilder finden sich nicht auf dem Vorlagebogen: Es sind weiterführende Anregungen, selbst kreativ zu werden und eigene Entwürfe zu versuchen.
Vielleicht möchten Sie das eine oder andere Motiv in abgeänderter Form fertigstellen. So ist es zum Beispiel ganz einfach, ein mit Transparenten hinterklebtes Motiv als reines Kartonbild zu arbeiten. In diesem Fall übertragen Sie die Vorzeichnung auf weißes Papier und malen sie mit Buntstiften aus. Anschließend überlegen Sie, wie Sie das Fensterbild umsetzen wollen: Ist es erforderlich, daß sich Teile überlappen? Vielleicht ist es sinnvoll, ein Teil komplett zu schneiden und Details aufzusetzen, wie zum Beispiel das Gesicht eines Drachens. Sind diese Fragen geklärt, können Sie die Schablonen herstellen.
Soll ein Kartonbild mit Transparentpapier hinterklebt werden, müssen Sie die Stege in Ihre Zeichnung eintragen: Jede Linie wird parallel nachgezogen, so daß eine Doppellinie entsteht. Achten Sie darauf, daß die Stege eine Verbindung zum Rahmen haben und nicht frei im Bild schweben. Auch diese Vorzeichnung malen Sie bunt aus.

EIN KLEINER SPAZIERGANG

Dieses erste Kapitel möchte Sie durch Natur und Straßen führen: ZWEI VÖGEL zwitschern in den Zweigen eines Baumes, ALPENVEILCHEN stehen auf einer Fensterbank, und im Vorgarten blühen bunte Blumen. Kennen Sie das kleine Dörfchen, in dessen Mitte eine Kirche steht? Weiter geht es vielleicht durch einen Wald, in dem sich ein Teich befindet – und hier sehen Sie einen Storch! Oder sogar Schwäne. Wer sehr aufmerksam ist, wird auch die Spinne in ihrem Netz erkennen. Und auf dem Rückweg? Da kommen Sie an der Baustelle mit den hohen Kränen vorbei. Halten Sie die vielen Eindrücke eines Spaziergangs fest – in einem Bildmotiv, einem Fensterbild.

Fast jedes der gezeigten Motive können Sie mit Hilfe des Vorlagebogens nacharbeiten. Oder auch ganz anders umsetzen – zum Beispiel, indem Sie die Blumen des Kranzes auf Seite 15 mit Stielen und Blättern versehen und zu einem üppigen Strauß zusammensetzen, den Sie mit einer Schleife aus Tonkarton „binden".

Drei sehr unterschiedliche Beispiele für Blumenmotive: Der ORCHIDEENZWEIG besteht aus einem grünen Hauptteil, auf das die weißen Blumenteile geklebt werden. Zum Schluß kommen die rosa Blütenblätter und etwas Glimmer hinzu.

Etwas mehr Aufwand erfordert der BUNTE BLUMENKRANZ: Zunächst wird jede einzelne Blüte zugeschnitten und mit ihren Details wie Stempel und Stielansatz versehen. Die Mohnblumen bestehen aus zwei roten Teilen. Ordnen Sie die fertigen Blüten auf einem zwei Zentimeter breiten Kartonring mit etwa 24 Zentimeter Durchmesser an.

Aus einem Stück Tonkarton oder auch aus Tonpapier werden die BÄUME IM KREIS geschnitten.

Für die HOLZSTRUKTUREN* schneiden Sie den Tonkarton in Streifen und setzen diese mit etwas Zwischenraum auf Transparentpapier. Danach wird der zwei Zentimeter breite Rahmen angebracht.

Baum und Rahmen des Motivs FALLENDE BLÄTTER bilden das Hauptteil und werden mit einem Bogen Transparentpapier hinterklebt. Ordnen Sie die Herbstblätter beliebig an.

Das TRAUBENGITTER ist gar nicht so aufwendig, wie es auf den ersten Blick scheint: Es wird immer der gesamte Traubentrieb blau hinterklebt. Wer das Motiv nicht beidseitig mit Tonkarton arbeitet, sollte einen Bogen Transparentpapier zur Verstärkung auf die Rückseite kleben.

Die Grundform des Motivs EFEUTOR wird zweimal in Weiß zugeschnitten. Zwischen die beiden Teile kommt durchsichtige Folie. Erst jetzt werden die braunen Zaunteile und der Efeu mit seinen 40 Blättern aufgeklebt.

Soll der LÖWENZAHN von draußen und drinnen gleich schön zur Geltung kommen? Dann müssen Sie beide Motivteile – Rahmen und Blüten – von beiden Seiten gegengleich auf festes, grünes Transparentpapier kleben.

Bei der SCHWARZWALD-MÜHLE werden die Bäume nur in der Mitte festgeklebt und dann leicht nach vorne geknickt. So erscheinen sie plastisch vor dem Hintergrund.

Richtige Tore zum Öffnen hat das FRÄNKISCHE BAUERNHAUS, dessen Fenster mit irisierender Folie versehen wurden.

Etwas Glimmer gibt dem DORF MIT KIRCHE einen besonderen Effekt.

Grünes Transparentpapier, das zwischen den beiden Rahmenteilen sitzt, bildet die Grundlage für das DORF IN DEN BERGEN. Alle vier Motive auf diesen zwei Seiten werden beidseitig gearbeitet.

Kinder helfen beim Basteln des Mobiles SCHÄFER UND SCHAFE besonders gern: Als flauschiges Schaffell dienen Wattepads, die man auseinanderzupft. Malen Sie die schwarzen Linien und Knöpfe des Schäfermantels mit Filzstift auf.

Für die EULEN IM BAUM arbeiten Sie zunächst den Stamm doppelt und setzen dann die ebenfalls zweimal zugeschnittenen Eulen auf.

MARIENKÄFER haben sich auf dem Fenster niedergelassen: Für den großen wird zunächst ein Käfer ohne Punkte hergestellt. Auf diesen kleben Sie die in einem Stück gefertigten Flügel auf – aber nur am schwarzen Steg. Dann kann er nämlich fast fliegen.

Schneiden Sie für das AQUARIUM blaues Transparentpapier wellenförmig zu. Die Streifen werden auf einen Bogen grünes Transparentpapier geklebt. Bringen Sie dabei jeden zweiten Streifen so an, daß die Unterseite oben liegt. Dadurch bleibt etwas Grün des Untergrundes frei, und blaue Teile decken sich. Zum Schluß werden die schwarzen Tonpapierkraken und die roten Transparentfische verteilt. Wer möchte, kann eine grüne Pflanze aufkleben, bevor der Rahmen angebracht wird.

Für das Bildmotiv STORCH MIT FRÖSCHEN schneiden Sie alle Teile einzeln zu und fügen sie zu einem Fensterbild zusammen.

Ein weiteres Beispiel für ein Mobile – diesmal mit Transparentpapier gefertigt: Die Konturen des STORCHEN-MOBILES sind aus schwarzem Tonkarton.

Jeder Vogel des VOGEL-MOBILES wird als ganzer zugeschnitten und beidseitig beklebt. In einem großen Blumenfenster wirken übrigens viele einzelne Vögel, die am Mauerwerk unter dem Fenster befestigt werden, als schwebten sie durch den Raum.

Schwarzer Tonkarton, sparsam mit Transparentpapier hinterklebt: So kommen Formen besonders gut zur Geltung, wie die SCHWÄNE* und das SCHWALBENNEST zeigen. Letzteres ist doppelt gearbeitet.

Im grün-gelben Blätterwerk fühlt sich die kleine schwarze SPINNE IM NETZ so richtig wohl. Einzelne Motivteile wurden nur aus Transparentpapier zugeschnitten und frei auf die Fläche geklebt, was dem Bild zusätzlichen Reiz verleiht.

Farbenfroh zeigt sich der leuchtend rote BAGGER, der nicht – wie die meisten transparenten Fensterbilder – in einem Rahmen steht.

Sparsamer eingesetzt sind die Farben bei dem FACHWERKHAUS und der BAUSTELLE. Beide Motive sind ihrem Charakter entsprechend ganz klar aufgebaut. Sowohl mattes als auch glänzendes Papier wurde für die Baustelle gewählt – eine Kombination, die dem Bild zusätzliche Effekte gibt.

MÄRCHEN- UND ZIRKUSMOTIVE

Wer sagt denn, daß Märchen nur für Kinder sind? Und daß „große Leute" nicht mal vom Zirkus träumen dürfen? Für die ZIRKUSSERIE links benötigen Sie lediglich schwarzen Tonkarton und Drachenpapier, auf das Sie die Figuren aufkleben. Dieses Motiv wirkt übrigens auch farbig sehr schön: Sie könnten die Figuren aus Tonkarton in Pastelltönen zuschneiden und zu einem Mobile verbinden, bei dem Löwen und Elefanten um den lustigen Clown tanzen.
Auch DER FLIEGENDE TEPPICH oben könnte aus pastellfarbigem Karton gearbeitet werden. Probieren Sie es doch mal mit einer Buntstiftskizze aus. Tips hierfür finden Sie übrigens auf Seite 11. Oder möchten Sie vielleicht das Zirkuszelt von Seite 33 transparent hinterkleben? Dann wagen Sie einen Versuch – es wird lohnen.

Der Goldregen des STERNTALERS besteht aus selbstklebender, transparenter Dekofolie mit Goldpunkten. Aber auch Pailletten können hier Verwendung finden.

Fröhlich bunt zeigt sich das HEXENHÄUSCHEN, das wiederum aus vielen Einzelteilen besteht.

Die BREMER STADTMUSIKANTEN* sind die Mühe wert, aber für solch ein vielteiliges Motiv sollten Sie eine exakte Vorzeichnung entwerfen.

Einfach anzufertigen ist das ROTKÄPPCHEN*-Motiv. Es wurde in der Art eines Scherenschnitts hergestellt.

Mit seinem bunten Schirm schwebt DER FLIEGENDE ROBERT durch den dunkelblauen Himmel: Häuser und Wege bleiben winzig klein unter ihm zurück. Sie werden aus schwarzem Tonkarton gefertigt und zum Schluß auf den transparenten Hintergrund geklebt.

Grundlage für die ORIENTALISCHE STADT war das Märchen vom fliegenden Teppich. Alle schwarzen Motivteile werden im Bruch zugeschnitten, so daß sie symmetrisch sind.

Zirkus heißt das folgende Thema: Manege frei für den CLOWN IM TOR. Sein Äffchen und er werden als ganzes zugeschnitten, aufs Tor geklebt und dann „angezogen".

Für das ZIRKUSZELT MIT WAGEN kleben Sie die Farbfelder des Daches unter die Stege, damit sie etwas zurücktreten. Dadurch erscheint das Motiv plastischer.

ZIRKUS

Jedes Teil des Motivs SEEHUNDE schneiden Sie zweimal aus Tonkarton zu. Kleben Sie zuerst die Kreise aufeinander, und setzen Sie dann die beiden Seehunde deckungsgleich auf. Die drei Bälle, mit denen die beiden so munter jonglieren, werden mit Nähgarn befestigt.

Eine Kombination zweier Techniken zeigt der ELEFANT AUF DEM BALL: Er ist aus Tonkarton gearbeitet und zusätzlich bemalt. Sein Ball wurde mit Transparentpapieren hinterklebt.

Kleine bunte Federn schmücken das winzige ZIRKUSPFERDCHEN, das aus doppelt gelegtem Tonpapier ausgeschnitten wird.

Auch der ELEFANT AUF DEM PODEST erfordert etwas Kleinarbeit. Die kleinen Ausschnitte des Podests sind transparent hinterklebt.

Wieder eine Arbeit für Geduldige: Der CLOWN MIT BÄREN UND ÄFFCHEN ist sehr feingliedrig und hat viele kleine Einzelteile, die aus Tonpapier zugeschnitten werden.

OSTERN

Die ersten Sonnenstrahlen und frisches Grün kündigen den Frühling an. Jetzt wird es auch Zeit für österliche Dekorationen. Symbol hierfür muß nicht nur der Osterhase sein – auch Tulpen gehören zum Frühjahr. Eine ganze TULPENWIESE blüht im Fenster links. Durch den weißen Karton wirkt das Motiv sehr hell und zart.

Heller Tonkarton läßt das Licht durchschimmern. Sie würden also die Ränder der hinterklebten Transparentpapiere erkennen – wenn Sie nicht einen Rahmen aus dunklem Karton zwischen die beiden weißen Hauptteile setzen würden. Zum Schluß erst erhält der Schmetterling die Punkte, die Sie mit einem Locher aus gelbem Transparentpapier stanzen können.

Etwas für ruhige, geduldige Hände ist das filigrane Motiv unten: Die MALENDEN HASENKINDER werden aus Papier gearbeitet und erfordern viel Fingerspitzengefühl. Dieses Motiv ist nur von einer Seite gearbeitet, da es sehr klein ist.

Der verschlafene OSTERHAHN MIT WECKER wird aus Tonkarton zusammengesetzt. Sowohl das rote HASENHAUS* als auch das HÄSCHEN IM OVAL* wirken wie Scherenschnitte.

Für den KRANZ MIT KÜKEN kleben Sie die beiden Küken zwischen zwei Nestchen, die Sie anschließend mit Ostergras versehen.

Schneiden Sie alle Teile des Motivs VERZIERTE EIER zweimal zu. Nachdem Sie das erste Grasteil auf die rote Eiform geklebt haben, setzen Sie ein erst verziertes Ei, dann den zweiten Graszuschnitt auf.

Ein weiteres Beispiel für einen Scherenschnitt ist das schwarze OSTERMOBILE, dessen Innenteile frei beweglich sind. Hierfür benötigen Sie alle Teile nur einmal.

Arbeiten Sie solch einen KRANZ MIT BLUMEN* beidseitig, damit er im Fenster besser zur Geltung kommt.

Ganz frech präsentiert sich der sitzende OSTERHASE in seiner Schaukel. Filzstiftlinien geben der Hose den letzten Pfiff.

NARZISSENWIESE heißt dieses Motiv, das aus zwei Bildteilen besteht. An den Wolken und der Sonne werden die Blumen der Wiese und die Schmetterlinge befestigt. Schneiden Sie die Blüten und die schwarzen Schmetterlingteile jeweils doppelt zu.

Einfach anzufertigen sind die SCHNEEGLÖCKCHEN: Der Rahmen wird zweimal hergestellt, so daß die Blumen dazwischen gelegt werden können.

FERIEN

Jetzt fährt sie los, die kleine EISENBAHN aus Tonpapier. Sie möchte mit Ihnen eine Reise in ferne Länder machen. Zum Abschied winkt noch ein LUFTBALLONVERKÄUFER. Für ihn schneiden Sie die Figuren in Weiß zu und ziehen sie dann richtig an – mit Schuhen, Hemdchen und was sie sonst noch so brauchen.

Unser Zug düst vorbei am Leuchtturm und wagt sich dann in die Sahara vor. Wie beim Meer- und Urwaldmotiv begegnen Sie hier einer ganz anderen Art von Fensterbildern: Alle drei sind nur aus Seidenpapier gemacht.

In den Herbstferien sichten Sie die ersten Drachen am Wolkenhimmel. Aber halt: Woher kommt der zweiköpfige Feuerdrachen? Im Gegensatz zu seinen Kollegen wurde er aus undurchsichtigem Buntpapier hergestellt.

Und am Jahresende, wenn es früh dunkel wird, verzaubern uns Kinder mit Laternen und fröhlichen Liedern. Möchten Sie sie nicht auch in einem Bild festhalten?

Nur von einer Seite beklebt ist die kleine EISBUDE*. Wer viel Geduld aufbringt, kann solche feingliedrigen Motive auch beidseitig verzieren. Das ist bei einem so kleinen Bild nicht ganz einfach. Dagegen ist die kleine LOKOMOTIVE mit Kulleraugen schon fast ein Kinderspiel. Die Augen gibt es in Bastelgeschäften.

FERIENLANDSCHAFT und LEUCHTTURM sind in ihrer Herstellungsweise gleich: Beide Bildhauptteile werden nur einmal aus Tonkarton zugeschnitten und dann beidseitig dekoriert.

Groeten uit ZANDVOORT

Blautöne wurden für das Motiv MEER gewählt. Durch das Material, ausschließlich Seidenpapier, fühlt man sich schon fast in eine Unterwasserwelt versetzt.
Bei Seidenpapierbildern ist die Farbgebung entscheidend: Die Sahara besteht hauptsächlich aus gelben Papieren, für den Urwald (beide Seite 47) sollten Sie vorwiegend grüne Farben verwenden. Arbeiten Sie die Fensterbilder mit einem schmalen Rahmen aus Tonpapier.

Beim Anblick der DROMEDARE denkt man gleich an Horizonte, die im Dunst verschwimmen. Entsprechend ist der Hintergrund: wellenförmig zugeschnittene Transparente werden verflochten und auf einen Bogen gelbes Transparentpapier aufgesetzt. Zum Schluß kleben Sie die aus Tonkarton gearbeiteten Dromedare und den Rahmen auf.

SAHARA – Dünen, vorbeiziehende Kamele, weit entfernt eine orientalische Stadt. Eine solche Wirkung können Sie eigentlich nur mit Seidenpapier erzielen. Die Dünen werden am Rand auf dem aus Gelb und Blau zusammengesetzten Hintergrund befestigt. Ein Teil des hinteren Kamels liegt unter einer Düne, was den Eindruck von Staub und Hitze vermittelt. Das verschwommene Stadtbild wirkt wie eine Fata Morgana.

Auch der URWALD wird nur aus Seidenpapier hergestellt. Kleben Sie die großen Pflanzen auf dem hellgrünen Hintergrund fest, und lassen Sie deren Blattwerk unbefestigt. Für die Tiere wird der Hintergrund so ausgeschnitten, daß noch etwas Rand zum Aufkleben dieser bunten Motivteile bleibt. Dadurch kommt zum Beispiel der Papagei mit seinen strahlenden Farben besonders schön zum Vorschein.

Stellen Sie zunächst den grün-beige gestreiften Hintergrund aus Transparentpapier her, dann fügen Sie die schwarzen Teile aus Tonkarton hinzu – schon ist die ELEFANTENHERDE fertig.

Lachende DRACHEN MIT WOLKEN schmücken das Fenster: Aus weißem Tonkarton und buntem Transparentpapier sind die Teile einfach herzustellen. Auch der BUNTE DRACHEN, der erheblich größer ist, wird als transparentes Bild gearbeitet.

FEUERDRACHEN sind nicht alltäglich – und müssen deshalb auch besondere Materialien bekommen: Regenbogen-Buntpapier ist hierfür gut geeignet. Verbinden Sie die einzelnen Bildteile mit kleinen Schlüsselringen, damit der Feuerdrachen sich richtig winden kann.

Runde Fensterbilder sind nicht ganz einfach zu schneiden, doch mit etwas Übung haben Sie den richtigen „Dreh" sicher bald heraus. Und daß die Übung lohnt, beweist die STADT BEI NACHT: Schneiden Sie sie aus schwarzem Tonkarton zu, und setzen Sie blaues Transparentpapier dahinter, aus dem Sie Sternchen ausschneiden. Diese werden mit gelben Punkten hinterklebt.

Für den Hintergrund des runden LATERNENZUG-Motivs benötigen Sie sowohl Blau als auch Lila. Die Laternen werden wie die Sterne der Stadt bei Nacht gearbeitet.

Beim großen LATERNENLAUF wirken die Kinder, als würden sie am Fenster vorbeigehen. Sie werden aus schwarzem Tonpapier zugeschnitten und auf dem Hintergrund angeordnet.

WEIHNACHTEN

Hören Sie das GLÖCKCHEN läuten? Es möchte Sie an die wohl besinnlichste Zeit des Jahres erinnern: an den Advent mit seinen langen Abenden. Verschönern Sie sich diese Zeit doch mit ausgefallenen Fensterdekorationen. Zum Beispiel mit einem GESCHMÜCKTEN TANNENBAUM aus Tonkarton. Nachdem Sie die Kerzen aufgesetzt haben, binden Sie die Äpfelchen an. Jetzt werden noch viele bunte Paillettensternchen aufgeklebt, dann darf „Lametta“ in Form von hauchdünnen Goldfäden aus Metall oder aus schmal geschnittenen Geschenkbändchen angebracht werden. Päckchen können Sie fertig kaufen. Wollen Sie unten nicht gleich 24 kleine Präsente anhängen?
Auf der folgenden Seite finden Sie auch ein Beispiel dafür, wie Sie Formen austauschen und neu kombinieren können.

Der STERN MIT ENGEL* wurde aus Tonpapier angefertigt und mit Paillettensternchen beklebt. Wenn Sie den Engel mit Garn aufhängen, kann er sich frei drehen. Auch beim STERN MIT BAUM* ist das Innenmotiv beweglich.

Beim TROPFEN MIT BAUM* wurde das Innenmotiv an die Außenform angeschnitten. Der Engel des Fensterbildes TROPFEN MIT ENGEL* wird angeklebt.

KERZEN vermitteln bei weihnachtlich dekorierten Fenstern einen festlichen Eindruck – auch als Fensterbilder, wie das Motiv zeigt. Verwenden Sie für das Hauptteil grünen Tonkarton.

Das KIRCHENFENSTER-Motiv kommt in kleineren oder unterteilten Fenstern gut zur Geltung. Es wurde schwarzer Tonkarton dafür gewählt: Dadurch leuchten die kleinen Farbteile sehr intensiv.

Das ENGELORCHESTER auf der Wolke wird aus weißem Seidenpapier hergestellt. Gelbe Seidenpapierreste benötigen Sie für die wenigen Details der Engel.

Für die TANNENBÄUME MIT SCHNEEMANN schneiden Sie alle Motivteile doppelt zu. Kleben Sie als erstes die drei Tannenbäume aufeinander, und setzen Sie dann die weiteren Details auf.

Munter stapft der WEIHNACHTSMANN MIT SCHLITTEN* durch den Winter. Er wurde aus rotem Glanzpapier gefertigt und anschließend noch etwas bemalt.

Wattepads, die auseinandergezupft werden, wirken wie Schneebälle, die sich zu einer SCHNEEFRAU* zusammenfügen.

Der ENGEL ÜBER DER KIRCHE ist ein Motiv, dessen Vorlage Sie wieder etwas genauer vorbereiten sollten: Die Kirche wird zweimal zugeschnitten und beidseitig auf die Wolke gesetzt. Schneiden Sie den Engel als Gesamtform zu, dann wird er richtig „angezogen". Viele Sternchen ergänzen das Bild.

Beim kleinen KRIPPENBILD wurde der Hintergrund in mehrere Flächen unterteilt. Die Hauptform aus schwarzem Tonkarton wird von beiden Seiten angebracht.

Etwas aufwendiger ist das GROSSE KRIPPENBILD: Das Hauptteil und die drei Fenster werden im Bruch zugeschnitten. Nach dem Aufklappen wird transparent hinterklebt.

GRAFISCHES

Sie lieben klare Formen? Dann nehmen Sie die nächsten Ideen als Anregung. Durch eine Aufteilung in Streifen wird der FISCH* aus schwarzem Tonkarton fast aufgelöst – und bleibt, hinterklebt mit Transparentpapier, doch als Fisch bestehen. In dieser Art können Sie auch ganz andere Motive umsetzen – probieren Sie es einfach mal aus.
Die HÄUSERFRONT links und die auf Seite 6 bestehen aus nur einem Stück – ganz ohne Klebstoff. Fenster und Türen werden ausgeschnitten, der Karton entlang der Linien zwischen den Häusern durchtrennt. Durch Knicken werden die Häuser nach vorne geholt und stehen so vor dem Hintergrund.

Geometrische Formen eignen sich gut für grafische Fensterbilder, wie der GELB-SCHWARZE KREIS* zeigt. Wagen Sie sich ruhig auch mal an einen eigenen Entwurf. Aber gehen Sie mit Farben sparsam um. Schwarzer Tonkarton und Transparentpapier in Ihrer Lieblingsfarbe genügen durchaus.

Hier wurde eine STADT* grafisch aufgelöst. Schneiden Sie die schwarzen Motivteile zu, und setzen Sie diese dann auf den gelb hinterklebten Rahmen.

Für das ROSA GESICHT* wurden nur Transparentpapiere verwendet. Als Rahmen dient weißer Tonkarton.

DIE FENSTERBILDER STAMMEN VON:
Renate Henge, Idstein:
Marienkäfer im Netz (S. 2); Holzstrukturen, fallende Blätter (S. 16); Traubengitter, Löwenzahn (S. 17); Marienkäfer (S. 21); Aquarium (S. 22); Storchenmobile (S. 23); Schwäne (S. 24); Spinne im Netz (S. 25); Bagger, Fachwerkhaus (S. 26); Baustelle (S. 27); Zirkusserie (S. 28); der fliegende Teppich (S. 29); der fliegende Robert (S. 31); orientalische Stadt (S. 32); Ostermobile (S. 40); Dromedare (S. 46); Elefantenherde (S. 47); Laternenlauf (S. 51); Kirchenfenster (S. 55); großes Krippenbild (S. 59); Fisch (S. 61); gelbschwarzer Kreis, Stadt (S. 62); rosa Gesicht (S. 63)
Eva Rüscher, Höxter:
Alpenveilchen (S. 1 und S. 12); bunter Blumenkranz (S. 15); Tulpenwiese (S. 36); Ferienlandschaft (S. 44); Leuchtturm (S. 45); Drachen mit Wolken (S. 48); Kerzen (S. 55)
Reinhild Schulze, Paderborn:
Papageien (Titel und S. 4); Efeutor (S. 16); Schwalbennest (S. 24); Osterhahn mit Wecker, Hasenhaus (S. 38)
Christian Sanladerer, Nürnberg:
Häuserfronten (S. 6 und S. 60)
Angelika Hahn, Waltrop:
Zirkuspferdchen (S. 7 und S. 34); Clown mit Bären und Äffchen, Elefant auf dem Podest (S. 35); malende Hasenkinder (S. 37); Eisenbahn (S. 42); Luftballonverkäufer (S. 43); Eisbude, Lokomotive (S. 44)
Ulrike Lienhart, Rheinhausen:
Zwei Vögel (S. 13); Bäume im Kreis (S. 14); Schneeglöckchen (S. 41); Glöckchen (S. 53); Stern mit Engel, Stern mit Baum, Tropfen mit Engel, Tropfen mit Baum (S. 54)
Team Nadolny-Thalheim, Herne:
Orchideenzweig (S. 14); Schwarzwaldmühle, fränkisches Bauernhaus (S. 18); Dorf mit Kirche, Dorf in den Bergen (S. 19); Schäfer und Schafe (S. 20); Vogelmobile (S. 24); Sterntaler (S. 30); Zirkuszelt mit Wagen (S. 33); Elefant auf dem Ball (S. 34); verzierte Eier (S. 39); Osterhase (S. 40); bunter Drachen (S. 48); Feuerdrachen (S. 49); geschmückter Tannenbaum (S. 52); Weihnachtsmann mit Schlitten, Schneefrau (S. 56); Krippenbild (S. 58)
Heidrun Röhr, Leonberg:
Eulen im Baum (S. 20); Storch mit Fröschen (S. 22); Hexenhäuschen (S. 30)
Christa Möller, Dortmund:
Bremer Stadtmusikanten (S. 30)
Heike Mewes, Riet:
Rotkäppchen (S. 30)
Monika Twachtmann, Nienburg:
Clown im Tor (S. 33); Seehunde (S. 34); Häschen im Oval (S. 38); Kranz mit Küken (S. 39); Kranz mit Blumen (S. 40); Narzissenwiese (S. 41); Tannenbäume mit Schneemann (S. 56); Engel über der Kirche (S. 58)
Jutta Maier, Stuttgart:
Meer (S. 46); Sahara, Urwald (S. 47); Stadt bei Nacht, Laternenzug (S. 50); Engelorchester (S. 57)

In der FALKEN Serie „Schönes Hobby" sind unter anderem erschienen:
„Fensterbilder aus Papier" (5158)
„Fensterbilder in Scherenschnitt" (5169)
„Fensterbilder in Tiffany-Technik" (5168)

ISBN 3 8068 1066 4

Titelbild: ART TECH Photo-Design-Studio Gerhard Burock, Wiesbaden-Naurod
Fotos: Wolfgang Vollmer, Köln; S. 9: Michael Zorn, Wiesbaden
Zeichnungen und Reinzeichnung Vorlagebogen: Ulrike Hoffmann, Bodenheim
Die Ratschläge in diesem Buch sind von der Autorin und vom Verlag sorgfältig erwogen und geprüft, dennoch kann eine Garantie nicht übernommen werden. Eine Haftung der Autorin bzw. des Verlags und seiner Beauftragten für Personen-, Sach- und Vermögensschäden ist ausgeschlossen.
Satz: Fotosatz-Studio Creatype GmbH, Eschborn
Druck: Karl Neef GmbH & Co., Wittingen

02106689X161 514 131 211 109 817 26